临考锦囊

方圆图书　著

中国言实出版社

图书在版编目（CIP）数据

临考锦囊 / 方圆图书著. -- 北京：中国言实
出版社，2024.4
　ISBN 978-7-5171-4799-2

　Ⅰ. ①临… Ⅱ. ①方… Ⅲ. ①高考－经验
Ⅳ. ① G632.474

中国国家版本馆 CIP 数据核字（2024）第 072757 号

临考锦囊

- -

责任编辑：薛　　磊
责任校对：朱中原

出版发行：中国言实出版社
　　　　　地　址：北京市朝阳区北苑路 180 号加利大厦 5 号楼 105 室
　　　　　邮　编：100101
　　　　　编辑部：北京市海淀区花园路 6 号院 B 座 6 层
　　　　　邮　编：100088
　　　　　电　话：010-64924853（总编室）　　010-64924716（发行部）
　　　　　网　址：www.zgyscbs.cn　E-mail：zgyscbs@263.net

经　　销：新华书店
印　　刷：河北赛文印刷有限公司
版　　次：2024 年 4 月第 1 版　　2024 年 4 月第 1 次印刷
规　　格：880 毫米 ×1230 毫米　　1/32　6.5 印张
字　　数：100 千字

定　　价：78.00 元
书　　号：ISBN 978-7-5171-4799-2

高考临门一脚，咋踢？

寒窗十余载，临考决功成！

临门一脚，如江湖论剑，无忧者强，艺高者胜，如何踢好，至关重要。

历年高考，无不牵动着千家万户，莘莘学子寒窗苦读十余载，只为一朝金榜题名。然而，临近高考，却往往精力不支，心神疲惫，千头万绪，问题成堆……

作为家长的你，想帮，是否感到心有余而力不足？你，是否迫切地想知道怎样才能更好地帮到孩子？怎样合理饮食？如何充沛精力？怎样调整心态？如何高效复习？孩子出现了"状况"怎么办？自己怎么做才能让孩子充分发挥、考得更好？

作为考生，你是否越加不安担忧和烦躁？是否为想尽快解决它们而更加苦恼？是否因为问题太多而焦虑无助？是否因为不知如何复习而寝食难安？是否迫切需要各科名师的指导？是否想在更短时间内一览各科的知识、方法和技巧？是否想让自己的状态和成绩在短时间内变得更好？可是，身处万千题海中，想要找一角心思清净之处尚且不可能，哪有心力和精力，去自己解决疑难问题！

在这个时候，一个困惑的存在，往往会影响全盘；一个不经意的习惯，或是一个小小的错误做法，也可能会让考生无法正常发挥，甚至会遗憾终生！千里之堤，怎样才能不"溃于蚁穴"，如何成功应对考前的各种问题，成了无数家长和考生急切寻求的"渴望"。一个小小疑难问题的解开，一个小小错误做法的改变，它就有可能为家长、为考生，打开一片明亮而蔚蓝的天空！

《临考锦囊》，汇聚了全国各地多位具有几十年送考经历名师之经验，辅之以心理专家和营养师的悉心指点，经过精心论证总结，从各科最为紧要的疑点、难点、重点、关键点，以及临考最易出现的各种心理问题、饮食问题、睡眠和作息问题中，删繁就简，优中选精，通过多年沉淀打造，终成一册，从专业、科学实用的角度，给出了家长和考生最为渴望的锦囊妙计！

你想要轻松搞定临考各种揪心的"疑难杂症"吗？一册《临考锦囊》在手，足够！

编 者

2024 年 4 月

目录
Contents

1

临考背上心理包袱

怎么甩？

考生必看锦囊

考前心理包袱有哪些呢？

快要高考了，突然厌学怎么办？

不想学，不想学，不想学，看见课本就难受，看见试题就想扔掉，理智告诉我要学习，心里却是很抗拒，挣扎、撕裂！

分析

临近高考，考生出现厌学情绪很普遍，只是轻重的区别，这种情况多是期望值过高、曾经遇到过挫折、心理压力过大、情绪紧张等多种因素导致的，处理不好就会直接影响学生的高考成绩。

锦囊

制定计划，放低期望。制定一天甚至一节课的计划，完成计划即可，淡化高考目标。

避开难题，建立自信。学习内容以错题本和基础题为主，不断鼓励自己。

适度放松，减轻压力。散散步，听听歌，聊聊天，做做运动，让紧张的神经松弛下来。

情况严重要就医。

考前突然失眠怎么办？

睡不着，睡不着，睡不着，就是睡不着。

这下可完了，越想睡，越是睡不着。

分析

　　失眠具体原因有很多，奇奇怪怪，什么都有。有时睡前做了个难题，大脑兴奋不肯睡；有时打了一把游戏放松一下，大脑享受这点放松，舍不得睡。但本质上都是内心紧张。

锦囊

　　坚定自信：怕他作甚，失个眠而已。

　　睡不着，就想想今天取得的进步，或者随便想点让自己高兴的事。

　　不到万不得已，不要使用药物。

　　四个小技巧：热水泡脚，喝杯牛奶，听段舒缓的音乐，少喝水。

越是临近高考，越是情绪波动大、易怒怎么办？

控制不住自己，

控制不住地想吵架，

控制不住地想动手，

自己像一个爆竹，时刻准备爆炸！

分析

　　成绩不稳定，担心达不到父母的要求，对不起自己的努力，成绩无法突破……很多因素可能导致情绪不受控制，根源还是内心的焦虑。

锦囊

　　减轻外部压力。与家人、老师或是知心的朋友、同学，说出自己的真实想法，减少焦虑。

　　和家人、朋友沟通交流可以起到心理疏导的作用。将内心的苦闷说出来，可以减轻焦虑。

　　适当发泄。体育锻炼时，在无人处大喊；或暂时沉浸在兴趣爱好中，听听音乐；有条件的学校都有心理咨询室，在"减压室"里宣泄，效果会更好！

突然发现精力无法集中怎么办？

端坐书桌前，挑灯夜读时，却静不下心来，静不下心来，静不下心来！怎么也学不进去。

分析

情绪紧张、思维停滞，正在学习一个知识，脑子里又跳出另一些内容，满脑子"胡思乱想"；学习动力不足，心理上排斥学习，人坐在那里思想上却极度厌学；每件事情都是千头万绪，患得患失，越是临近高考，越是不知如何着手。

锦囊

适当放松。每次集中学习时间不宜过长，让大脑适度休息。左右脑调剂，合理安排学习内容。

心理暗示。紧张焦虑时，深呼吸，伸伸腰，心里默念"心神归一"。

确定目标，制定计划。动力不足时用目标激励自己，目标要合理恰当。同时制定详细计划，每天都有小目标。

也可以干脆睡觉休息，养精蓄锐，以利再战！

心里总是担心、慌乱怎么办？

　　内心总是不安，就一个字，慌！学了语文担心数学，学了数学担心英语，拿着物理试卷，心里却还想着生物、化学，无限死循环！！！

分析

　　或是以前出现过失败的经历，或是考试中出现过重大失误，导致错误放大，内心焦虑；或是目标过高，压力过大，导致焦虑紧张；或是拼搏太晚，眼下成绩太差，又急于快速赶上，太想考好；或是问题太多，顾此失彼，手忙脚乱，自乱阵脚。

锦囊

　　心理暗示。暗示自己："我已竭尽全力，自可问心无愧！"不必追求完美。

　　降低目标。根据实际情况确定目标，不要因目标过高而压力过大。

　　求助他人。可以求助老师或家长，让他们帮助自己化解内心的焦虑。

　　缓解情绪。当明显感觉内心慌乱的时候，放下此时的学习，适度放松一下，听音乐、画画、散步都可以。

　　也可来点阿Q精神：临近高考谁不紧张，他们更慌！

突然有一天大脑一片空白怎么办?

芭比Q了! 突然啥也不会了,题不会做、字不会写、公式定理记不住……大脑清零,一片空白! ! ! !

分析

这是大脑的应激反应，感觉什么都不会了，心里明明知道"这些题我以前都会做"，可这个时候也感觉处理不了。不用慌，其实知识都在大脑里，能力也没丢掉，只是大脑需要放松与调整了，这也不过是高考复习中的一种"高原反应"而已。

锦囊

适当放松。大脑高速运转一小时左右就要适当休息，所以暂时放下课本和练习，让大脑休息一下。并注意文理科交换进行，左右脑交替使用。

梳理知识。不要烦躁，梳理一下基础知识，做一下思维导图，或者简单地在纸上写写画画。

整理思路。整理之前做过的题目，翻看自己的错题本，暂时先不再做难题。

积极暗示。给自己以积极的心理暗示："相信自己，我一定会成功！""我已经充分复习，发挥自然毫无问题！"等加强自信。

陷入情绪低落、自我否定怎么办？

我不行，我不会，我考不好……

看别人，越看越牛；看自己，越看越差。

分析

学习中可能遭受过打击，这是自卑心理在作祟。或是平时觉得学习成绩无所谓，临近高考又追悔莫及，或者紧张兮兮、过度自责，都可能导致这种心态。如果是处于心理周期中的低潮期时，也会出现类似现象。

锦囊

建立自信。梳理之前成功的案例，相信自己多年的学习一定会有好的成果。

心理暗示。不断鼓励自己，可以用座右铭的方式给自己积极的暗示。

合理计划。制定合理的计划，在每一个小进步中建立自信心。

或者回头看看"身后的"："那伙计还不如我，至少我还比他行！"

考前陷入学习计划的怪圈怎么办?

制定计划时信心满满,可是,完不成,完不成,就是完不成!次次都如此,陷入学习计划的怪圈无法解脱!

分析

计划制定时弹性太小，把时间塞得太满，或者对自己要求太高，注意力或者执行力有所欠缺。

锦囊

弹性计划。计划不一定是不可调整的，计划不如变化么，在执行的过程中完全可以实时调整，总体上完成就可以了。

降低要求。计划也要根据自己的执行力来制定，不要太苛刻，可以适度放宽。

临近考试突然茶饭不思怎么办？

什么都不想吃，吃啥都没滋味，啥美味都没有兴趣……

分析

茶饭不思，往往也就是心理出现焦虑紧张时生理上的一种表现，就是吃不下。

锦囊

自我暗示，没什么大不了，不就是一次小小的高考么，有啥？先吃饱了再说！。

适当放松，聊聊天、慢跑、听音乐……让心情愉悦一些，胃口也就好了。

吃一些清淡点的，或是酸甜口的，以及一些健补脾胃的食物。

不想搭理任何人，总想把自己封闭起来怎么办？

　　临近高考了，啥也提不起兴趣，谁也不想搭理，懒得说话，整日郁郁寡欢，神思恍惚……

分析

若是与平时不一样地突然陷入沉默或封闭状态，可能是考生对于高考有一种悲观的预判，情绪消极。

锦囊

尽量不谈考试相关的事情。

自我疏导，我已经做好准备了，不需要担心，我正常发挥就没有问题。

适度运动，亲近自然，放松身心。

进了考场又飞来大包袱，
要了命了，怎么办？

面对试卷突然大脑一片空白怎么办?

什么都想不起来，什么都不会，手心冒汗，心烦意乱，越用力想越不会，脑子空空荡荡。

分析

曾经有过考场失利的挫败，或是对自己要求过高，考前家长或老师给了过大的压力都可能导致这种情况，根本原因还是临场过度紧张。

锦囊

积极暗示。进考场前就给自己积极的心理暗示："我已经做好全面准备了，我会发挥最高水准的"。

降低预期。告诉自己正常发挥即可，不要总想着自己的目标学校或目标分数。

自我调节。深呼吸，闭眼休息一小会，望一下窗外，揉一揉手指，揉搓面部，都可以帮助调整心态。

跳过题目。遇到不会或一时想不起的题目，暂时跳过，放松下来，很多知识就想起来了。

明确一点：多数考生已经历过"九九八十一难"了，知识，能力，题感，已经成了他们的"自身律动"，只要拿起笔来开了头，那一切的感觉自然也就都回来了。

考场上总是怀疑自己做错了怎么办？

是不是自己做错了？怎么会这么顺利？怎么可能？怎么可能？不会的，一定是我做错了，一定是看错题目了……在不断的怀疑中焦灼，浪费大量时间精力。

分析

在某些学科上受过挫败，平时总做难题，家长、老师要求严格，都有可能导致缺乏自信，导致考场上自我怀疑。

锦囊

自我暗示。"我已经确认过了，我做的是没有问题的。""安心做下一题，这个题目已经完成了。""往日的努力终成正果，我的能力确实提高了！"

建立自信。考前做点简单题目，给自己充分的自信心。

正确看待高考：高考没什么了不起，和平时没什么不同。

考场上心烦意乱，静不下心来怎么办？

别人刷刷刷地写，人家都会，就我不会，完了完了，

有人都翻页了，别人都写满了，

场外有人经过了，

监考老师走过来了……

考场上一切声音、一切事情都会影响到自己，好烦！好烦！好烦！

分析

平时注意力不能集中，过分担心，对自己没有自信，自我压力和外界压力大，都会导致静不下心来。

锦囊

自我暗示。暗示自己不去听、不去想，集中精神审题、思考，按自己的节奏做题就行了，不要关注别人。

来点"阿Q"：他们翻试卷肯定是不会做前面的，我会做当然要按部就班了！写得多肯定是抓不住重点，乱写一气！

规划时间。每个题目都设定一个最多和最少用时的范围，只要不超时就不用慌。

考场上总想上厕所怎么办？

　　明明刚去过厕所，可是又想去，而且忍不了，一点也忍不了，越忍越难受……

分析

考试时老想上厕所一般不是真的尿急，而是过度紧张和焦虑状态导致的神经紊乱，是很常见的。

锦囊

少喝水，进考场前解决个人问题。

心理暗示。告诉自己已经去过了，现在并不想去。

放松心态。考前尽量放松自己，深呼吸，告诉自己已经准备好了。

转移注意力。先找自己会做的题目来做，将精力集中到试题上，就自然忘记了。

考场上总想着已经考完的学科怎么办？

完了，完了，我上一场咋就审错题了呢？那一个题可就一二十分啊！选择题我要是再仔细点就好了！完蛋了，我再努力也没用了，还考个什么劲啊！一时之间就要崩塌了！！

分析

过分在意考试结果，又加上心绪烦乱，考场上总是被前面考过的学科成绩所影响，情绪不稳定，归根结底还是紧张和不自信导致的。

锦囊

考完就忘。尽量做到"考完一门，丢一门"，已经考过的科目，不想，不听，不看，心中只有下一门。

心理暗示。告诉自己上一门已经结束，无论结果如何，已经无法改变，忘记它；不小心听到其他考生的讨论，告诉自己，现在没有正确答案，不必在意。

暂时放松。心烦意乱时，可以适当放松一下，例如活动下关节等，让自己冷静下来。

远离自以为是、喜欢瞎议论的人群。

考场上突然感觉头晕目眩，胸闷心慌怎么办？

面红耳赤，上不来气，头晕目眩，咋办，咋办？

分析

考场上气氛紧张，导致大脑处于兴奋状态，消耗氧气较多，就可能会出现胸闷气短的情况。若个别考生心脏有疾病，就要提前做好准备。

锦囊

考场上用手捧嘴，深呼吸。

看看窗外，做一下面部按摩，揉揉手指，分散注意力。

有疾病史的同学要提前准备好药物。

考试期间失眠怎么办？

明天要考 X X 科了，睡不着，睡不着啊，明天咋办，怎么办，越着急越睡不着。

分析

考试期间睡不着，大多是由于大脑过于兴奋导致的，大脑可能一直在想着白天的考试，也可能是在不断思考某一个知识点。

锦囊

相信自我，一晚不睡无所谓，睁着一只眼我也能正常发挥！说不定大脑潜能就因此被激发出来了，来了个超常发挥。

清空大脑，强制自己不去想与考试相关的事情。

睡前不要做难题。

泡泡脚，听听轻音乐，散散步，泡泡脚都是有效的。

睡前四小时内要避免摄入含咖啡因的食物和饮料。

家长必看锦囊

临考亲友团也背上
心理包袱，怎么办？

临考家长之间总忍不住互相埋怨怎么办？

"这个都怪你！"

"要不是因为你，就不会这样……"

"要是听我的，就啥事都不会有""当初要是……"

夫妻双方总是互相埋怨、翻旧账，家庭气氛紧张。

分析

求全责备、完美主义等心理，都会导致夫妻之间为了考生而互相指责，根本原因还是焦虑紧张，但是这样的互相埋怨，势必会影响家庭氛围，加重考生的紧张心理。

锦囊

及时喊停。

互相谈心。可以夫妻之间谈谈心，也可以找其他朋友谈谈心.

转移注意力。做点其他事情，例如做家务、体育锻炼等，排解焦虑。

想想后果的严重性：你们这样的不负责任，会让孩子"记住一辈子"；影响了孩子的前程，你们可能也会后悔一辈子！

临考家长也陷入过分担心的状态怎么办？

"可别考到孩子不会的题啊！"

"可千万别出什么状况啊？"

"要是发挥失常了可怎么办？"

心中无数不好的想法翻腾着，不是担心这就是担心那，满心满眼都是孩子的影子。

分析

关心则乱，这是家长因为关心考生，或对高考结果期望过高而产生的焦虑情绪。

锦囊

降低期望值，"孩子能正常发挥就好"。

放下攀比心理。

相信自己的孩子：他（她）已经经过了无数次考场的磨炼！

眼光放宽些：所有的孩子不都是这样考么，有啥好担心的！

换个角度看问题：高考并不能决定一切。

临考家里氛围是严阵以待还是像平常一样?

孩子要高考了, 我要精心准备一切, 什么都要考虑周全, 衣食住行全面准备, 放下一切, 全心全意, 全力以赴!

分析

家长都想给考生营造良好的备考氛围，然而，过分刻意却会适得其反，事无巨细、想当然的做法，容易打乱考生的生活规律、扰乱考生的考试心理。

锦囊

只做陪伴，不问西东。家庭给考生提供的首先应该是安全感，家长首先传递给孩子的是对他（她）身心的关怀，而不是对其成绩的关注，这是最重要的！

外松内紧。表面上不制造紧张气氛，但是家长要时刻关注考生的心理状况，对考生每天从作息到饮食的变化都要留心。

和谐轻松。家长不必刻意为考生改变自己的生活习惯，保持一种轻松的"平常状态"，也可以让考生更加放松。

临考孩子一言不合就发飙,家长应该怎么办?

"老爸、老妈你们烦不烦?"

"烦死了,别说了……"

没说几句话考生就烦了,甚至刚一张嘴就被呛,高声叫喊,脸一甩,门一关,爸妈只能干瞪眼。

分析

临近高考，家长总想给孩子无微不至的呵护，事无巨细的关心，这样反而给考生带来了无形的压力，导致双方无法正常沟通交流，考生烦，家长也烦："我们还不都是为了你，你还烦了！"

锦囊

不必过分关心，关心则乱，有一种危害叫"爱过了头"！

减少唠叨。"最后关头了，坚持住"，"千万别紧张"，"没几天了，赶紧看书去"，"加油，成败在此一举"……诸如此类的话千万不要说，尤其是在临近高考这几天。

不要在此时谈人生，谈未来，那叫"没事找事"！

陪考生散散步、听听音乐、聊点与学习无关的事情就可以了。

临近考试了，不惜花费重金给孩子"押押宝"，好不好？

马上考试了，听说有套资料特别好，赶快做做；听说某个老师或机构可以迅速提分，赶快补补；听说某名校或某"名师"特制了一份绝密"押宝卷"，花高价把它买来。诸如此类的做法好不好？

分析

　　家长总想抓住最后一点时间把孩子的成绩再提一提，这种做法大多是"其情可谅"，而收效甚微的，有时还会打乱考生的复习节奏，反而引发考生很多心理问题，出现逆反心理、拖延症、紧张焦虑、不自信等情况。诸如"迅速提分""绝密押宝题"之类的，也不过是不良商家利用家长临考的侥幸心理，刻意制造的以诱导消费为目的的夸大说辞而已。

锦囊

　　找准薄弱环节。督促考生分析错题，进行针对性训练。

　　不要给考生过分加压，让考生在考前保持比较轻松的心态。

　　家长可以让考生找往届的优秀考生交流一下，既可以稳定考生情绪，也能让考生学到一些"实战经验"。

　　已到这般光景，相信孩子之前已做的努力，提分不在这一会儿，更不能花冤枉钱去买"侥幸"，碰"运气"。

考前关于"分数"的话题为什么不能提?

"孩子,咱只要考多少分就没问题啦!"

"孩子上次考了多少分,保持就行!"

"模考才考了那么点,加加油啊!"

家长话里话外全是分数,这样好不好?

分析

　　家长经常提到分数，反映的是家长对于考试结果的过分在意。不管是下意识的提到，还是有意地想给孩子"打气"，"激励"。但这种心理会传递给考生，给考生造成无形的压力。

锦囊

　　降低自己对于分数的关注度。

　　暗示自己：以前的成绩都是"过去式"。

　　说话前，要多考虑一下，尽量不要提分数。

　　你要知道，作为考生，孩子能不知道分数的重要性吗？还用得着你这样整天唠叨吗？

考试期间，家长的
小神经绷不住了怎么办？ ?

考试期间家长坐立不安怎么办？

"孩子在考场会不会紧张啊？"

"孩子会不会遇到难题啊？"

"考场里热不热啊？里面有没有空调啊？"

"要是笔突然不能用了咋办啊？监考老师让不让他借啊？"……

"看球的倒比踢球的累"，说的就是家长此时的心情！虽然自己不考试，但是，自己脑子里的戏比电视节目还丰富，坐立不安，思绪混乱。

分析

　　这是家长对于考生寄予厚望的结果，越是紧张，自己就越会设想一些不好的结果，搞得自己整日绷着一根神经，胡思乱想，心神疲惫。

锦囊

　　给自己找一些事情来做。

　　心理暗示。不会有那么多意外，我们做好了全面的准备了。

　　放松一下，听听音乐、看看节目、散散步……

　　若家长正从事重要工作，那一定要静下心来，再做。

　　宽慰自己。别自作多情，孩子没靠我们，不是也一路过关斩将闯过来了？

考试期间家长失眠怎么办?

　　考生要考试了,家长却睡不着觉了! 翻来覆去睡不着,无数想法在脑海里翻涌,怎么办呢?

　　睡不着就去看看考生睡着了没,或者在家里来回踱步。

分析

这也是紧张焦虑的体现，有些家长比考生还焦虑。越是到了临近考生考试前几天，越是紧张。

锦囊

自我调节。这么沉不住气，孩子没怎样，自己先坐不住了，我又不考试！

不要在考生面前提及此事。

做好后勤保障工作，其他的不要想。

睡不着就静静躺着，不要影响考生的休息。

考试期间，都不敢跟孩子聊天了，不知道聊点什么，怎样聊？

考前考后，家长总想通过聊天，让考生放下包袱，可是有时却不知怎么说更好。

分析

　　考试期间，家长的紧张焦虑，也容易通过话语传递给考生，有些话看似是关心，却是在传递焦虑，不恰当的聊天，有时会影响考生的情绪，甚至会增加考生的负担。

锦囊

　　不可说的几种话：

　　增加压力："加油，你一定能考上清华北大！""记住自己的目标，冲吧！"

　　制造紧张："做题时仔细点！""别粗心，好好检查！"

　　泄气的话："没关系，考砸了也不要紧。""尽力考就行，考不好咱就复读。"

　　关注结果："成败在此一举了！""加油，你一定会成功的！"

　　基本策略：只聊和考试无关的话题，除非考生主动提及；更不可没话找话。

考完一门，家长总忍不住要问问，好不好？

"怎么样？"

"题目难不难？"

"都写上了没？"

"有没有检查？"……

考完一门，家长总忍不住想问一问。

分析

有些家长想通过这些问题了解孩子的状况，也有些家长想通过聊天缓解考生的紧张情绪，可问错了问题，就起反作用了。

锦囊

关于考试方面的，什么都不要问，问就是在添乱，很不利于考生全身心地投入下一门的考试。

温暖人心的可以："累不累？""儿子啊，想吃点啥？""闺女啊，想不想来点硬菜？"

临考生活怎么安排最科学？

考生必看锦囊

临考是不是得有个
临考的样子？

?

考前几天生活作息也得模拟一下？

这么多学科，就剩这么点时间了，吃饭作息调整个毛线啊，先埋头学习再说吧。

分析

离考试还有几天，最重要的就是调整身心状态，调整到与高考期间基本同步的状态。

锦囊

按照考试时间来安排学习。比如九点考语文，那就九点复习语文，以此类推。

按照考试期间的时间安排来作息。

告诉自己，现在最主要的是调整心态，保证精力和体力，我的知识储备、悟性能力，已经准备到位，适当做点、记点，保持"题感"，足够！

临考前几天是否应该补懒觉？

快考试了，我先补个觉，养足精神，考试就啥也不怕了！早上睡到自然醒！身心放松又舒坦啊！

分析

很多考生休息调整时，都有睡懒觉的习惯，偶尔一两次，是有利于精力快速恢复的，但天天如此，这种放松的心态就不利于考试发挥了。

锦囊

晚上可以稍微早一点睡。

早上要和平时保持一致。

关键点：规律性的作息，是最好的"调整"！

考前几天再开夜车恶补一下，身体吃得消也不行吗？

马上考试了，时间不多了，我要抓紧最后的机会，把所有时间都用在学习上，晚上多学点，我才能考得更好！

分析

刻苦学习精神可嘉，但是，临考还开夜车是最得不偿失的。如果开夜车是因为紧张，或是要"表演"给谁看，那就更是大错特错了！

锦囊

尽量保证晚上 11 点前睡觉。

睡不着，可以躺在床上，在脑子里"回放"一下白天学过的内容。

睡眠要充足，以保证第二天的复习和考试时有充沛的精力。

切记，"夜车"开多了，会出大问题！

临考了还要不要午休？

这几天时间宝贵，午休就算了，我要学习学习再学习！还有一种情况是，午休太重要了，我要一觉睡到自然醒。

分析

不午休，或者午休太长，都不利于考生下午保持良好的精神状态。但如果考生从来就没有午休习惯，下午精神状态始终很好，那另当别论。

锦囊

午休一般控制在半小时左右为佳。

午休最好安排在下午1点左右，2点以前。

保证下午2:30以后（高考下午的时间段）大脑处于兴奋状态。

临考就不能参加体育运动了吗？

时间紧迫，还参加啥体育活动啊！一切时间都要用在学习上，不能浪费一分一秒！

分析

　　运动有利于身心状态的调整，运动还可以增加人体多巴胺的分泌，以提高心情愉悦感和精神兴奋度，适度运动，有益无害！

锦囊

　　心理紧张时，可以适度运动；精力不济、情绪低落时，都可以适度运动。

　　时间安排，可以固定，比如晚餐前；也可随机，比如课间，复习间隔时间等。

　　但是，临近高考和考试过程中，运动都不能太剧烈。

考前要不要完全放飞一下来解解压？

紧张？不可能！我才不会放心上，我要好好放松一下，玩游戏、聚会……这样心情彻底放松了，才能轻松上阵！

分析

考前彻底放飞，有时是对紧张焦虑情绪的逃避，过度地娱乐，会打乱生活规律，不利于心理和精神方面的调整。

锦囊

考前娱乐要有时间限制，要适度，"小娱"怡情，"大娱"伤身！

考前不可彻底放飞，记住，适度紧张，有利于考试发挥。

考前突然感冒了怎么办？

完蛋了，要考试了，我却感冒了，昏昏沉沉，完了完了……

分析

首先考前考生一定要保重身体，不要乍冷乍热，尽量不要感冒。但是，一旦感冒也是没有办法，不要陷入宿命论中去。

锦囊

感冒就多喝水，好好休息，不要透支身体。

相信自己，一点小感冒不会影响成绩。

积极就医，让自己尽快好起来。

如果感冒程度严重，一定要用医疗手段及时控制、恢复。

考试时书包里都要准备什么？

　　进考场我该带点啥？我带的东西够不够？整理这些真麻烦，差不多就行了……

分析

考试用品，心中就必须做到清清楚楚、明明白白，不要委托家长，要按照班主任老师反复强调的，自己做好充分准备，这样才能心中有数。将考试用品装在透明文件袋中，不要遗漏；将与考试无关的用品拿出，不然在考场检查时，一进一出非常麻烦。

锦囊

必备品：证件和文具：准考证、身份证、2B铅笔、黑色签字笔两支以上、橡皮、小刀、圆规、直尺、三角板等等。

备用品：备用眼镜、眼药水、纸巾，坐公交或出租车的同学带好公交卡或一点零钱，低血糖的同学带一两块糖等等。

考试期间这些应急处理
你都知道吗？ **?**

考试期间，这作息时间怎么搞得跟打仗时间一样?

考试了，早上几点起床，中午休息多久，晚上几点休息，怎样安排才能更合理? 心里好害怕因为作息不当影响成绩啊。

分析

考试期间合理安排作息时间，对于保证考试的精力和体力，以及调节和稳定心理状态，都有着极其重要的意义。

锦囊

与平时作息时间保持一致是基本原则。

早上起床一般不要晚于 7 点，确保有时间吃早餐和考前大脑的"预热"。

中午可以适量休息，一般以半小时左右为宜。

晚上一般不要超过 11 点半。

考试时提前多久到考场最好?

"就要考试了，我得早点去，省的迟到了。"

"早早地去考场还得等着，卡点去就行，不用那么早。"

分析

　　过早或者卡点到考场，都是不科学的。

锦囊

　　一般在进场前20分钟左右到达考点最佳。

考试期间中午睡不着怎么办？

下午就要考XX科了，我中午翻来覆去就是睡不着咋办？会不会影响考试？

分析

考试期间，一切以自己身心舒适为原则。

锦囊

睡不着可以闭目养神。

想看书就理理知识点。

保证下午精神状态好即可。

顺其自然，一两个中午不睡觉，啥都影响不了！

考试期间可以去运动一下吗？

第一天考试结束，好想去跑步，好想去打球，好想……

分析

　　有些同学有运动的习惯，考试期间只要不是剧烈的运动，可以适度进行。

锦囊

　　身心疲惫时，去进行适度的运动，可以调节身心和精力。

　　不可以进行激烈的运动。

　　运动时间不宜过长，半个小时以内为佳。

考试期间好想玩玩游戏啊，明知不可以，还是忍不住，怎么办？

考试太紧张了，只有游戏解千愁，我要玩游戏，放松一下！

分析

游戏可以缓解紧张，但是要适度，不要玩得过于兴奋，影响第二天的考试。

锦囊

游戏时间不要过长。

达到放松效果即可，不要深陷其中，导致大脑注意力转移。

放松方式有很多，跑步、听歌都可以，尤其不要以游戏为借口。

考试期间特别想吃垃圾食品怎么办？

就想喝点冷饮，吃点冰激凌，吃点麻辣烫……忍不住，就是忍不住！

分析

自己明白考试期间要健康饮食，不知为啥越不能吃，越想吃。其实这也是一种紧张的表现。

锦囊

尽量不要吃这类食品，引起身体不适，得不偿失。

若非要吃，可以在饭后适量吃一点，切记不可过量。

这点轻重应该懂的，一两天不吃能怎么样？

转移注意力。

考试期间正好遇上生理期怎么办?

完蛋了，怎么就这么倒霉，考试遇上生理期，烦人……

分析

遇上生理期，有些考生可能会出现疲惫无力的感觉，更有严重的会出现痛经的情况。

锦囊

计算好时间，提前做好准备。

多休息，补充一些温热的食品。

痛经可以提前准备好止疼药，提前吃。

严重者要提前找医生进行干预。

考试期间出现腹泻怎么办？

考着试，肚子痛，腹泻，咋办啊？歇菜了啊……

分析

考试期间出现腹泻，原因比较多，可能是着凉了，也可能是吃了不干净的东西，也可能是精神过度紧张。

锦囊

集中精力做题，一步步完成任务就好，不要想结果。

喝点温水。

尽快调整状态，小意思，不就是考验我吗？咱就是这么坚强，它影响不了我的正常发挥！

随时可以求助监考老师，药物、纸巾、热水等物品，监考老师都会尽力为你提供的。

如果非常严重，要及时就医，高考可以重来，但生命没有重复！

考试期间突然感冒怎么办?

我的天,考试了,我却感冒了!要命啊!这是老天和我作对吗?完蛋了!

分析

考试期间一定要注意身体，天气炎热，室内开空调，内外温差大，很容易感冒。再加上有些考生在考前不注意锻炼身体，抵抗力下降，就容易感冒。

锦囊

早发现早干预。一旦出现嗓子疼、鼻塞等症状，就及时吃药预防，不要等病情发展起来。

多喝水、多休息，学习不在一时一会，身体才是本钱。

暗示自己，感冒说不定能激发我的潜力，××就是感冒超常发挥的嘛，我也没问题。

考试期间，可以求助监考老师。

感冒严重时，要及时就医。

赶考路上出现意外怎么办？

车子扎带了、路上摔倒了、遇见堵车了……咋办啊！

分析

　　发生意外情况，是谁都不希望看到的，但是一旦发生，我们就要及时想对策，调整心态，尤其是在没有家长陪同的情况下。

锦囊

　　尽量提前规划准备，比如检测车胎、选好路线等。

　　提前出发，时间充实就可以避免很多麻烦。

　　情况严重时要及时联系家长、老师。

　　可以求助交警。

考试期间，找不到身份证、准考证了怎么办？

　　进考场了，找不着身份证或准考证了，这可咋整！直接蒙圈了！

分析

考前一定要提前准备好必备物品，并反复检查，准考证、身份证更是要放在稳妥的地方，但是由于这时候精神脑力可能不济，也可能产生疏忽，如果有家人代为整理保管更好，就是万一找不着了，也不用着急。

锦囊

说明原因，先入场做题。

通过监考老师联系家长，在考试结束前送来。

考场上考试用品出现问题怎么办？

完了，完了，中性笔突然坏了，2B 铅笔没铅了，找不到橡皮了……咋办，咋办？

分析

考试必备的文具一定要准备充足，而且都要有备份，但若确实都没法正常使用了，也不要慌，我们有多种方法。

锦囊

切忌自己向旁边考生借，歪头说话属于作弊行为。

不要影响自己的情绪，这点小事不算什么。

及时向监考老师求助，他会帮你解决。

家长必看锦囊

临考家长如何做好
后勤部长？ ❓

临考前家中是否应该保持绝对安静？

"嘘——小点声，在学习呢！"

"最近别看电视、别搞家庭聚会、别看直播"……

孩子要高考了，家里要保持绝对安静吗？

分析

　　为营造良好学习氛围，让考生专注学习，家长做什么都蹑手蹑脚、小心翼翼，是家长对孩子的重视，但也反向营造了紧张气氛，不利于提高考生对各种环境的适应能力。

锦囊

　　不要与平时反差太大。

　　只要能保障考生正常学习即可。

临考前各种营养品要不要买？

"听说这个可以提高记忆力，孩子，来吃点。"

"这个特有营养，不爱吃也吃一点，对身体好。"

"听说谁谁谁就喝这个考了清华，孩子咱也来点。"

分析

病急乱投医，家长花式买各种营养品，有一番爱在里面，但也有紧张焦虑在作祟。

锦囊

正常的饮食即可保证身体需求。

征得考生同意的情况下，可以再增加营养品，不可硬塞。

临考是否要准备"状元餐"？

临近高考"某某状元餐"铺天盖地，既有食谱也有饭店的配餐。主打营养丰富，寓意吉祥。家长作为"后勤部长"绞尽脑汁保障考生的身体健康，总觉得得给自家孩子整上这么一桌！！

分析

这既是家长的美好祝愿，也是希望从饮食上保障考生的身心健康，也有点吃啥补啥，飞速提升的想法，更是无处安放关心的体现。但是，实际效果可能适得其反。

锦囊

考生平时吃什么，这几天还继续保持即可，以考生喜欢的饮食为主，只要考生食欲好，在一般情况下，考生的营养可以得到满足。

饭菜搭配尽量合理，蔬菜、水果、蛋白质、谷物类都有就可以。

一日三餐一定要保证新鲜、易消化，让考生吃上热乎饭。

临考家长应该如何作息？

　　家有考生，我要早起给孩子准备好早餐，晚上孩子睡了才敢出来活动，早起晚睡很是辛苦！

　　又不是我高考，和我有什么关系，我该吃吃，该喝喝，该睡睡。

分析

　　无论是过分关心的早起晚睡，还是漠不关心的毫不在乎，都不利于考生身心健康。

锦囊

　　家长应尽量和考生的作息保持一致，这样能够为考生营造一个较好的睡眠环境。

　　家长较考生入睡时间过早或过晚都不利于考生入睡。

考试前一天，家长要督促考生完成哪些工作？

明天就考试了，前一天要做好哪些准备？

分析

考前一天有许多事情需要完成，家长在征得考生同意的情况下，可以与考生一同完成准备工作。

锦囊

去考场的路线，提前走走，若是去不熟悉的考场，更应该提前熟悉来回路况，以及车流和人流情况。

检查考试物品是否齐备。

与考生一起准备第二天要穿的衣服，以宽松、轻便为原则。

考试期间的"服务标准"
得几星才能达标？ **?**

考试期间花式送考要不要？

　　穿上红旗袍、拿上向日葵、拉上横幅……考场外的家长变着法子给考生加油鼓劲，到底要不要这样送考呢？

分析

　　这是家长表达祝福的方式，但是如何操作要因人而异。

锦囊

　　提前与考生沟通。

　　不可盲目跟风。

考试期间大鱼大肉的安排上，好不好？

"孩子考试了，必须啥好吃安排啥！啥有营养安排啥！"

"这几天孩子无论想吃啥好的，都要充分满足！"

分析

考试期间，营养过多反而会加重肠胃负担，引起身体的不适。

锦囊

饮食习惯尽量不做太大变动。

蔬菜、水果、谷物、蛋白质都要保证。

干净、卫生、健康，就足够了。

清淡饮食，更利于脑力的运行。

考试期间，家长是不是要时刻守在考生身边？

以前经常出去健身，现在也不去了；以前常常约着人去散步，现在也不去了。

时时刻刻待在家里，如临大敌，时刻待命……

分析

家长的出发点是好的，时刻准备给考生做好后勤工作。但是刻意地改变，会给考生带来无形的压力。

锦囊

不必刻意，让考生感觉考试和平时没什么不同就可以了。

可以适当缩短外出时间，尽量不改变习惯。

考试期间嘘寒问暖要不要？

"孩子，要不要喝点水啊？"

"要不要吃点水果啊？"

"明天想吃点啥，我提前准备啊？"

一遍一遍嘘寒问暖，父爱、母爱泛滥。

分析

家长希望用这种方式关心考生，或者让考生放松，殊不知，反而会打乱考生的学习节奏，产生紧张情绪，很不利于考生的复习和应考。

锦囊

考生学习期间不要过分关心。

可以提前准备好水果之类，让考生自己安排节奏。

考试期间孩子身体出现异常怎么办？

考试了，孩子不舒服了，可咋整啊！这不是要命了吗？

分析

考试期间，家长要对考生细心观察，不一定要问长问短，但发现异常时要及时提醒，比如脸色、食欲、是不是鼻音严重、打喷嚏频繁、声音嘶哑、害冷等等。同时，要帮助考生调整状态。

锦囊

家中随时准备好常用药物。

及时安慰，不可以互相埋怨，相信即使生病也可以正常发挥。

在饮食上做好调整。

督促考生早休息、多喝水。

考生进考场了，没我什么事了，我该干嘛干嘛，不会有问题吧？

反正高考我也帮不上忙，就该干嘛干嘛吧，不用操心了。

分析

考生进考场了，是不是家长就啥也不用管了？自然不是的，家长还是不能放松警惕。

有的家长工作忙，有的工作特殊不允许带手机，怎么办？

锦囊

若自己不能带手机，一定要安排一个亲戚朋友可以让考生联系上，以防万一。

随时关注天气等情况，及时应对。

临考磨枪，

怎么又快又光？

临考前几天磨枪，
重点磨哪里？

临考前如何安排"长""短"学科？

"××科是我的优势，冲呀！我要向××分发出挑战。"

"××学科是我的劣势，我得弥补一切不足！"

到底是"扬长"还是"补短"，的确是个不易的选择题。

分析

考生越是到最后，心里越是缺乏自信，总渴望能够发挥优势、补足短板，实现全面胜利。结果可能适得其反，出现两个极端：扬长避短和截长补短。

锦囊

劣势学科要注重基础。

优势学科要注重拔高。

扬长补短，整体提高。

也可以根据自身实际，权衡二者利弊，以"有益于总分的提高"为前提进行选择。

临考了，"我就这么来！"，好不好？

　　"我就是我，不一样的烟火。"

　　老师家长整天烦死了，絮絮叨叨，老生常谈，完全不适合我！

　　我有我的一套，我就要按照我的那套来。

分析

考前考生会出现"自信心爆棚"的现象，不按老师的要求，不听家长的劝告，只跟着自己的感觉走，自行一套，容易出现抓不住重点、时间和精力分配不均、出现心理问题无法疏导，而过后又容易后悔等情况。

锦囊

不可盲目自信，多听听过来人的建议，毕竟老师们自己参加过高考，又指导过、送过多年高考，许多家长也有过高考的经历。

兼听则明，偏"信"则暗！

若是自己的做法，已经证明过"卓有成效"，那就按照自己的思路走！

临考做题还有意义吗？

还有几天就考试了，我该复习点啥？做题？我又不可能做着真题，那练啥呢？

分析

考前做到原题的可能性几乎为零，那考前做题是为了什么，无非是为了保持题感和训练思维。题感和思维的敏捷度，对于考试来说，极其重要。因此，对标高考，精准训练，保持题感和思维的敏捷度是训练的关键。

锦囊

做小题和基础题，训练思维。

对标高考，在考试时间段内进行限时训练，保持手速与题感。

不做难题、怪题。

做题要总结整理，查缺补漏。

作文啊作文！要上考场了，我该怎么爱你啊？

作文虐我千百遍，我待作文如……反正不是初恋，

作文在我看来是比白雪公主的后妈还可怕。

分析

　　估计大部分考生都有作文恐惧症，可是又有"得作文者得天下"的戏言，临考了，作文还是有提升的可能的，切不可灰心丧气。

锦囊

　　回看旧作，以旧促新。
　　关注时事，积累素材
　　读读范文，学习借鉴。
　　确立自信，奠定"才子情怀"。

考前如何找到数学复习的"主心骨"？

要说哪门功课最要命，数学，数学，还是数学！

分析

　　数学学科要考查的知识点是比较明确的，每一个知识点会怎样考，也相对清晰，考生要是能够把握住命题的线索，就能打通任督二脉。

锦囊

　　看看以前做的思维导图，如："数列"——数列概念——递推关系——数列通项——数列求和。

　　根据老师以前的指导，熟练掌握命题点、解题思路和解题的方法与技巧。

考前，面对数学科目的选择、填空之类的小题还能做点什么？

小题不小，还很贵！应该如何应对这种小题呢？

分析

数学的选择题、填空题很容易拉开差距，要对这类题目进行总结：一般有哪些类型，涉及哪些知识点，常用哪些小技巧。

锦囊

常见 30 多种题型，要做到心中有数。

常用技巧要熟练，如代入法、作图法、特值法等等。

如何应对数学中的典型题目？

有些题，那就是最熟悉的陌生人，每次都会出现，可我就是拿你没办法。你说可恨不可恨！

分析

　　数学考试中的典型题目，要用成型的、稳妥的、通用的解题模式和方法，参照笔记或错题集，形成系统的解题体系。

锦囊

　　典型题目，整理总结，记住模板。

考前数理化的课本还要看吗？

教材讲了一滴水，考试考了个太平洋，数理化临考看课本还有什么用？

分析

基础不牢，地动山摇。基础不等于背过一个两个定理或公式，更是知识的理解和延伸。在最后时期回归课本是十分有必要的。

锦囊

吃透课本例题和课后练习题，关注其思维方法和方式。

整理基础知识，形成思维链。

关注课本实验，尤其是实验原理、实验原则、实验步骤、实验变式等。

考前几天物理复习重点是要抓住哪些核心要素？

物理就像雾里看花，永远整不清楚，马上就要考试了，我到底怎么才能清晰地看透物理呢？

分析

　　物理的知识点也是比较明确的，需要考生掌握的不外乎是知识点的概念、定律、模型。把必考知识点的这三个模块搞清楚，那就无敌了！

锦囊

　　课本概念和相关实验要弄通。

　　定律、定理以及推导过程要弄懂。

　　结合老师以前的讲解，积累解题模型。

临考化学还有哪些知识要留意？

　　化学式、方程式、实验……化学有好多零零散散需要记忆的东西啊！

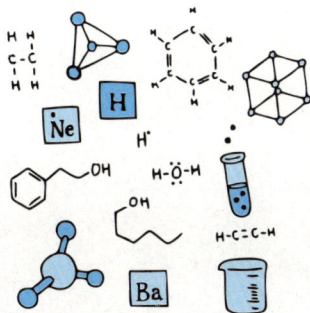

分析

化学有许多需要记忆的知识点，除了重点知识点外，还有一些容易忽略的知识点，也需要考生留意。

锦囊

化工常识、物质的俗称、化学式、重要的实验现象和特殊的化学方程式等，都需要考生留意。

最后阶段了，英语完形填空怎样训练最有效？

完形就是噩梦，做时感觉一点毛病没有，一对答案惨不忍睹，完形是门玄学吧！

分析

完形填空是一个难点，考查的知识点非常全面，但是决定胜负的却是语感。

锦囊

填上近几年真题中所有完形填空题的空并大声朗读，可短期内训练语感。

限时训练，标注错误，重点记忆。

学会寻找文章逻辑，建立前后联系。

要上考场了，英语阅读理解还总是云里雾里怎么办？

英语阅读理解更是玄，读懂的做不对，蒙的都比做的好，复习？你说咋复习？

分析

　　阅读理解，是英语学科的重中之重，比重高，用时长，丢分也多，问题还是基础知识掌握不牢固。

锦囊

　　限时训练，五篇为一组，35-40分钟做完。

　　不做难题，题材多样。

　　关注单词、语法、复杂句。

临考前英语作文准备点什么更高效？

英语作文，写作时，往往感觉心里是空的，脑袋是空的，空空如也，空空如也啊！

分析

    英语作文是考试中的重点和难点，两篇作文各有侧重，考查考生的综合能力。

锦囊

    重点背一点连词、固定句型、常用短语和动词。

    记各种题材作文的套路。

    重点看老师批改过的作文，进行强化。

考前，政治、历史、地理怎么再科学记忆一下下？

背背背，背背背，背得头昏脑涨，天昏地暗，脑子里还是一锅粥！

分析

政治、历史、地理不只是简单的背诵，知识之间是有联系、有重点、有梯度的，建立知识体系，找到重点、难点，就不会那么难记忆了。

锦囊

知识之间找联系，建立知识体系。

找到知识的梯度，哪些是必须记忆的，哪些是了解就可以的，哪些是一眼带过的，再去记忆。

"小步走，常回头"，不断间隔重复。

考前还得匀点时间关注时政热点？

时政，时政，时政，不止政治考，历史考，地理考，想不到的是，门门都涉及，时政才是出题人出题的必须，也是他们的最爱！

分析

　　时事热点，可以说是近年来出题人的新宠，但实际考察的还是课本的基础知识，因此课本才是根本，遇到热点时多分析、多思考，问题就会迎刃而解。

锦囊

　　关注热点与课本的联系。
　　掌握课本原理与热点时事的联系思路。
　　理解反思是关键。

考场上真有涨分妙招吗？

提前半小时就得进考场，里面有什么玄机？

干坐在考场里真无聊，坐在这里是为了制造紧张气氛吗？

好无聊！好紧张！

分析

考生一般提前半小时入场，监考老师开始做考前各项准备工作，考生应该怎么做呢？进入考场，就是考试的开始，考生应利用这段时间迅速进入状态。

锦囊

平心静气，完成监考老师要求的各项任务。

默默地将学科知识进行回顾，稳定心态。

梳理平时做题思路，回忆一下各科常犯的错误。

考前五分钟发卷，我都应该做点什么？

发卷了，发卷了，我要争分夺秒，我默默地做，嘿嘿，机智如我啊！

分析

考试铃声响前，考生不可以动笔答题，也不可以在草稿纸上写知识点。很多考生选择默读题目，提前在心里做几个题目，殊不知，这样反而是捡了芝麻丢了西瓜。

锦囊

在试卷上填写个人信息。

浏览试卷和答题卡，找好答题区域。

了解试卷上各个题目的分布，对各个题目的难易度以及前后的联系做到心中有数。

考场如战场，如何发挥自己的优势？

"难题我来啦，哈哈哈，看我大杀四方！"

"正是我的菜，我要证明我自己！"

"完了，完了这么多题我不会，死翘翘了！"

分析

　　高考试题的难度是有梯度的，考场上要做到"拿低、保中、争高"。不要盲目追逐难题，也不要一做不出题目就灰心丧气。一般高考题，都是按照低、中、高（3：5：2）的比例出题。中低档题目占到80%左右。

锦囊

　　低档难度题的分数全部拿下。

　　中档题的得分不少于85%—90%。

　　高档题能得几分是几分。

　　全面思考，稳扎稳打。

一上来就遇到拦路虎，要不要死磕？

理论上来说这个题应该是简单题啊，怎么做不来了呢？

那后面肯定越来越难，不行，我得死磕到底！

分析

近年来，高考题目，尤其是大题，开始打乱以往的出题顺序，尤其数学，考生习惯性认为前易后难，结果在前面浪费了很多时间，看到后面简单题却傻眼了——没时间了！

锦囊

提前读题很重要，了解题目的分布，准确找到自己的擅长项。

改变习惯思维，不会就跳过，绝不犹豫。

考场上遇到拿不准的主观题，先写满了再说？

　　往日答题，我都写满了，成绩却不理想，今日事关三年备考，以及个人前途命运，管它对不对，先得写"圆满试卷"。

分析

　　答题不是写满就万事大吉了，无论是哪一学科，都有相应的答题规范，只有规范答题才能拿到更高的分数。

锦囊

　　审清题意是首要，确定答法是重点。
　　答题格式要规范，步骤完整显思路。
　　判断书写要速度，针对问法才周全。
　　专业术语巧运用，要素到位方圆满。

考场上，怎样在短时间内巧妙设计作文赢取高分？

"得作文者得天下"，作文，对考生来说，无论是英语还是语文，都极其重要。看到题目，短短几分钟，怎么才能巧妙构思一下呢？

分析

无论是语文还是英语的作文，考查的都是考生的语言组织、运用能力，逻辑思维能力，思想认知能力，以及价值体现和审美能力等等。

锦囊

坚决不可以套作，把之前背过的作文改头换面背上，有时还不如临场发挥得分高。

不可以照搬前面题目中的语段，一旦被发现扣罚严重，得不偿失。

英语作文一定要体现它的应用性。

语文作文，一定要体现它的"思辨"能力，思想引领，价值体现，都是在立意当中要特别重视的方面。快速得分，重在四个方面体现：立意，语言，材料，结构。

考场上，选择题如何避免把原来做对的改错？

　　以前考试，检查时，总是会把本来做对的题目改错了，现在是高考，我能不能改？

　　再改错了怎么办？

分析

　　检查时，把本来做对的改错了，其本质是考生知识掌握不牢固。检查时发现错误，要区别对待。

锦囊

　　若是检查出漏洞，或者非常确定的错误点，不用怀疑，马上修改。

　　若是本就模棱两可，自己也不是很确定，那就不要轻易修改，尤其是语文和英语，因为经过紧张的答题，大脑已经没有刚开考时清醒了。

　　若非明确错误，一般"以第一印象为主"。

考试时间马上结束，题目没做完，
怎么用最短的时间得最高的分数？

　　完了，完了，还有一点时间，我还有好几个
题没做呢，咋办啊？

20 分钟

分析

考试时间宝贵，很多考生都会出现时间不够用的情况，还按原来的步骤做题肯定不行，要在仅有的时间里，取得最大的成效。

锦囊

明确：考试铃声结束前，时间都是你的。铃声结束必须放笔，否则得不偿失。

先确定选择题是否都涂到了答题卡上。

保持大脑清醒，不要自乱阵脚。

分析剩余题目，找到自己的擅长项，或者容易得分项，多得一分是一分。

选择题、填空题，考场上有巧妙得分的小技巧吗？

选择题、填空题，有时做起来真麻烦，费力不讨好，真的很烦……

分析

选择填空这种题目，考查很灵活，若是遇到难啃的"硬骨头"，我们就要灵活处理。

锦囊

巧妙运用代入法、排除法、作图法、递推法等。

若配有图示，可以测量一下图示，也许会有意外的收获。

像数学等科目的多选题，实在不会，就选一个确定项。

主观题答案修正也有技巧，你知道不？

错了，错了，赶快改，赶快改，不能浪费时间……

分析

　　考场时间有限，主观题或理科的大题出现错误了，考生往往急呼呼地划掉原来的答案，慌里慌张地去重新改写。

锦囊

　　划掉错误答案时，不要涂黑，只用斜线划几下即可。

　　不要着急全改，看看原答案有没有可以用的部分。

　　要改的时候，先把正确的写上，再划掉错误的，避免时间不够，损失分数。

考场上"快"与"稳"，如何平衡？

快，快，快，考场上时间就是分数，加速，加速！

分析

考试时间紧张，要完成题目，加快速度是必需的，但是，若是因"快"而丢"稳"，那也是不明智的。最好"又快又稳"，若做不到，就要"宁稳勿快"。

锦囊

答卷时要步步准确，字字有据。

运算要准确，尽量一次成功。

得分步骤不可少，格式、符号、字母、单位不能错。

时间紧张，如何审题？

题目那么长，找找关键条件就可以了，其他都是废话，浪费我时间……

分析

　　高考试卷上没有一个字是多写的，因此，要特别注意题目中的每一个条件，甚至题目下面的小字、材料中的注释都对考生解题有帮助。

锦囊

　　关注题目中的隐含条件和细节。

　　留意题目中的所有条件，包括物理量和小字的注释等等。

　　越熟悉的题目越要小心，不要有思维定式。